LETTRE

A SA MAJESTÉ

L'EMPEREUR DE RUSSIE,

SUR LE PROJET

DE NOUVELLE CONSTITUTION.

Le Lecteur est prié de faire attention à la date de cette Lettre.

L'EMPEREUR DE RUSSIE.

> . . . . Par tous les climats
> Ne sont pas bien reçus toutes sortes d'états ;
> Chaque peuple a le sien, conforme à sa nature ,
> Qu'on ne saurait changer sans lui faire une injure.
> CORNEILLE.

SIRE !

Si je n'avais à porter à VOTRE MAJESTÉ que ma part du tribut d'admiration et de reconnaissance , qu'aujourd'hui tout homme participant à la civilisation européenne , et bien plus spécialement tout Français, doit si légitimement à vos vertus et à votre magnanimité , je ne sortirais pas du silence de respect qu'un homme obscur doit s'imposer envers les souverains et les maîtres de la terre. Je me bornerais à mêler ma voix aux acclamations publiques qui, partout, se font entendre auprès et au loin de VOTRE MAJESTÉ ; à me confondre dans la foule qui se presse autour de sa demeure, qui la suit, l'accompagne, se précipite partout où elle porte ses pas, la précède et l'attend dans tous les lieux où elle a l'espérance de la voir, pour saisir ses traits, les graver dans son souvenir, entendre, peut-être, quelqu'une de ses paroles, qui, toutes, ou nobles, ou touchantes, ou sensées, forment déjà un recueil qui fournit à toutes nos conversations ; enfin, Sire, je ne chercherais aucune voie de me distinguer parmi cette immense population qui, toute, éprouve le même besoin, obéit à la même impulsion ; bien moins me permettrais-je de m'adresser directement à Votre Majesté, comme j'ose le faire, en essayant de mettre sous ses yeux une Lettre respectueuse, mais souscrite d'un nom qu'aucun titre n'accompagne.

Cette témérité, Sire, ne peut être excusée que par un grand motif. Il faut, pour justifier une semblable démarche, avoir, ou, du moins, il faut croire avoir quelque sujet d'une haute importance à soumettre à l'examen de Votre Majesté ; et je me hâte de l'énoncer, pour m'autoriser à donner à son exposé et à ses développemens l'étendue que, même en me resserrant le plus qu'il me sera possible, je ne parviendrai pas à réduire aux bornes où je voudrais me renfermer, dans mon respect pour l'emploi des momens de Votre Majesté. Qu'elle me permette de solliciter son attention et de lui demander son indulgence.

Le premier acte par lequel Votre Majesté, parlant en son nom et au nom des Souverains alliés, a fait connaître les intentions des puissances à notre égard, est sa déclaration du 31 mars, trois heures après midi. Les trois premiers articles de cette Déclaration méritent toute notre reconnaissance. Ils sont bien l'ouvrage des princes généreux et éclairés, au nom desquels ils ont été publiés. Ils sont l'inspiration de leur âme, l'œuvre de leur sagesse; tous nos cœurs, tous les esprits leur ont donné une adhésion entière.

Le dernier est ainsi conçu (je demande la permission à Votre Majesté de le lui remettre sous les yeux) :

« Ils reconnaissent (les Souverains alliés) et garantissent la constitution que la nation française se donnera. Ils invitent, par conséquent, le Sénat à désigner, sur-le-champ, un gouvernement provisoire qui puisse pourvoir aux besoins de l'administration et préparer la constitution qui conviendra au peuple français ».

Les Souverains alliés, j'ose le dire à Votre Majesté, n'ont mis que leur nom, ou l'ont laissé mettre à cet article. Non, les Souverains alliés ne prennent point l'engagement de reconnaître et de garantir ce qu'ils ne connaissent pas, ce qui n'existe pas; la constitution que la nation française *se donnera*. Les Souverains alliés n'appellent point la nation française à s'occuper de ses plus grands intérêts à l'insu de son Roi et des princes de son sang. Séparée d'eux, la nation française est incomplète. Ses Rois sont identifiés avec elle par quatorze siècles non interrompus de gouvernement monarchique, et par plus de huit cent cinquante années de transmission dans la même race, que Dieu nous a conservée et que les Souverains alliés viennent rendre enfin à nos vœux ardens. Une constitution à laquelle ils ne seraient appelés que pour souscrire et se soumettre, ne serait pas une constitution française. Les Souverains alliés font preuve de sagesse en invitant le corps auquel ils ont cru devoir s'adresser, peut-être sans s'être assez assurés de l'opinion générale de la nation à son égard, à désigner, *sur-le-champ*, un gouvernement provisoire pour pourvoir aux besoins de l'administration ; l'action de celle-ci ne pouvant, sans les plus graves inconvéniens, demeurer presque un seul moment suspendue. Mais,

SIRE, je demande la permission de le dire à VOTRE MAJESTÉ, il en est tout autrement d'une constitution ; et l'association, dans un même article, de deux objets si distincts l'un de l'autre, ressemble trop à une surprise adroitement faite, dans la rédaction, à la religion des augustes personnages auxquels elle a été soumise, pour que le soupçon ne s'en présente pas involontairement à la pensée. On a jugé, qu'en frappant leur esprit de la nécessité, vraiment urgente, de former, sans perte d'un seul moment, un gouvernement provisoire, on parviendrait à les abuser sur le reste. Il suffisait à ceux qui mettaient de l'importance à profiter du moment, pour revenir au système de constitution, d'en introduire le mot dans le premier acte promulgué sous l'auguste sanction des Souverains alliés. Cette adresse a réussi, et le temps a été aussitôt mis à profit pour en tirer avantage.

Le Sénat s'est rassemblé le 1er. avril ; et, s'autorisant du fatal article de la Déclaration que j'ai eu l'honneur de remettre sous les yeux de VOTRE MAJESTÉ, pour l'introduire textuellement dans son premier arrêté, il en est devenu le premier article. Ensuite, le gouvernement provisoire ayant été formé, son président,

S. A. S. le prince de Bénévent, prenant la parole dans l'assemblée, l'a prévenue : « Que l'un des premiers soins du gouvernement provisoire devant être la rédaction d'un projet de constitution, les membres de ce gouvernement, lorsqu'ils s'occuperaient de cette rédaction, en donneraient avis à tous les membres du Sénat, invités à concourir de leurs lumières à la perfection d'un travail aussi important ».

Différentes propositions ont été, dans cette même séance, adoptées et arrêtées en principe, parmi lesquelles on en a distingué six, avec la clause qu'elles seraient spécialement comprises dans une adresse au peuple français, que le gouvernement provisoire a été chargé de préparer, et avec la recommandation très-expresse qu'il ne soit porté, dans la constitution, aucune atteinte aux principes qui en font la base. Par la première, le Sénat se montre soigneux d'assurer son existence ; en voici la teneur : « Le Sénat et le Corps Législatif seront déclarés parties intégrantes de la constitution projetée, sauf les modifications, etc., etc. ».

Votre Majeste, Sire, ayant daigné, dans la soirée du samedi 2, recevoir les hommages du Sénat, aurait dit, d'après le rapport des journaux, des paroles qui se rattacheraient aussi au système de nouvelle constitution. Je me permets de les rappeler : « Il est juste, il est sage de donner à la France des institutions fortes et libérales qui soient en rapport avec les lumières actuelles ».

En terminant par ces paroles, attribuées à Votre Majesté, cet exposé de tout ce qui a été fait, jusqu'à ce moment, dans ce qui se rapporte à un système de constitution prenant naissance dans le Sénat, j'hésite et je mets en délibération avec moi-même si je continuerai l'entreprise dans laquelle j'ai eu la témérité de m'engager.

Mais, Sire, après ce que vous avez fait pour la France, s'il n'est aucun Français qui n'ait vivement à cœur de trouver quelque moyen de montrer à Votre Majesté jusqu'où il porte la haute idée qu'il s'est formée de ses vertus et de son caractère, je dois peut-être me féliciter de celui qui s'est offert à moi, et je m'encourage plutôt dans la hardiesse de discuter et combattre devant elle un projet et un système qui s'est annoncé comme étant provoqué par elle-même et qui s'exécute sous les apparences de sa sanction. J'oserai donc poursuivre.

Non, Sire, non, ce système de constitution, de la manière dont il est conçu, dans le
moment où il se produit, sous les formes dont
il se revêt n'est point conforme au vœu et à
l'attente de la nation. Sa proposition seule a
fait diversion à la joie ineffable qu'elle n'a pu
contenir à l'aspect de vos armes libératrices,
et qui a aussitôt fait sortir de tous les cœurs ce
cri si long-temps renfermé, Vive le Roi! On
ne doit pas le taire à Votre Majesté, depuis
ce moment cette joie est comprimée; elle a cessé
d'être pure et sans mélange. Veuillez, Sire,
vous reporter à ce moment qui ne s'effacera
jamais de nos souvenirs et de nos cœurs, à ce
moment de votre entrée pacifique dans nos
murs; de votre marche triomphale au milieu
de la foule immense qui se pressait autour de
Votre Majesté : qu'a-t-elle vu, qu'a-t-elle
entendu? quel concert unanime, quelle voix
unique a frappé son oreille? Notre Roi! ren-
dez-nous notre Roi! Vive le Roi! Vive
Louis xviii! Vivent les Bourbons! Ce mot fu-
neste, j'oserai le dire, ce mot funèbre, *constitution*, est-il sorti d'une seule bouche? Ah! il
eût été d'un trop sinistre augure. Grâce au
ciel, il n'a pas été prononcé. Mais ensuite,
mais bientôt peut-être, dans la solitude de votre

délassement, il a été porté et introduit à voix basse dans votre oreille. O fatale condition des rois ! O plus fatale condition des peuples !

.... Mais quoi, SIRE ! d'après les impressions qu'aurait reçues VOTRE MAJESTÉ, penserait-elle que ceux dont je me rends ici l'interprète, que moi-même, si j'ose me compter, nous repoussions ce mot, nous repoussions la chose, dans la bassesse de nos sentimens, dans l'amour et la dépravation de la servitude ? Ils vous le diront, SIRE ; il y a vingt ans qu'ils nous le disent. Ils ont des phrases faites et qu'ils se transmettent, de factieux en factieux, pour décourager notre obstination dans l'amour de nos antiques institutions et dans notre confiance entière en la sagesse et la prudence de nos rois, pour les modifier selon les temps et les circonstances, et avec les formes qui nous sont propres. Ils ont trouvé un mot séduisant, un mot magique pour donner le change sur leur ambition, déguiser l'envie qui les dévore, l'orgueil qui les domine, l'esprit d'intrigue qui, en les tenant dans un état de mobilité perpétuelle, aboutit pourtant, quelque changement qui arrive, à les ramener toujours là où il y a un profit à faire et des places à remplir.

Ce mot, SIRE, est celui de *liberté,* qu'ils modifient quelquefois en celui de *libéralité de prin-cipes*, qui, aujourd'hui, impose devantage. Ils se souviennent que leur chef et leur maître, rugissant un jour contre l'élite des hommes éclairés et honnêtes, à qui ce mot de *liberté*, dans sa bouche, faisait horreur, leur répondit, ou crut leur avoir répondu par cette insulte : « Le mot de liberté fait sur ces messieurs l'effet de l'eau sur les hydrophobes ». Ils nous l'ont répété depuis sous toutes les formes ; ils le ré-pèteront encore dans cette circonstance, et nous continuerons à y être insensibles. Du moins, SIRE, ce n'est pas à VOTRE MAJESTÉ qu'ils réus-siront à persuader que le dévoûment et la fidé-lité habitent dans des âmes flétries.

La forme de l'écrit, ou plutôt d'une simple lettre que j'ose me permettre d'adresser à VOTRE MAJESTÉ, ne comporte pas tous les dévelop-pemens qu'il faudrait donner à la question qui en est le sujet. Mais il me pressait, mais il est pressant d'y attirer votre attention. Oui, nous repoussons cette idée de constitution, surtout dans la forme dans laquelle on nous la présente, et par le souvenir récent des calamités affreuses et sanglantes qui s'y associent, et dans un sen-timent d'amour, de respect, de fidélité à notre Roi. Tout est injurieux pour lui dans le système que l'on suit; tout y est anti-monarchique; tout ici est inconstitutionnel, en parlant de constitution. Et nous aussi nous réclamons une constitution; mais nous réclamons la nôtre, nous réclamons celle sous laquelle la monarchie de France s'est formée, s'est accrue, a resplendi, s'est maintenue dans une durée de quatorze siècles, en subissant les modifications lentes, communes à tous les ouvrages de la nature et de durée, qui, en vertu d'un principe de vie intérieur et actif qu'ils recèlent, tournent en leur propre substance toutes celles qui leur sont analogues, et qui sont propres à leur servir d'aliment et d'entretien. Nous ne croyons pas avoir vécu et duré pendant quatorze siècles sans constitution. Nous ne croyons pas qu'un événement unique dans la durée de cette longue période, qu'une épouvantable catastrophe soit un argument à nous opposer, soit une preuve en faveur d'une autre opinion. Mais nous nous faisons un argument; mais nous tirons une preuve, en notre faveur, de la fragilité des ouvrages de constitution, dont, dans moins de vingt-cinq ans, nous avons fourni l'exemple et subi l'écroulement. Nous avons eu, dans ce court intervalle, une première constitution; et ses ouvriers ne nous permettent ni de l'oublier, ni de les oublier; déjà nous avons perdu le nombre de toutes celles que nous avons eues à la suite de cette première; et naguère, hier encore, n'avions-nous pas *les constitutions de l'empire?* et que nous en reste-t-il? Sans vous, Sire, que nous resterait-il? Resterions-nous nous-mêmes? Sire, lorsque Dieu, dans son passage sur la terre, ressuscitait les morts, il ne changeait point leur nature, il les ressuscitait mortels. Nous acceptons notre destinée; et, appuyés sur nos quatorze siècles d'existence, nous consentons à recommencer aux mêmes conditions.

Eh quoi, Sire! notre Roi, le Roi de notre amour, de notre vœu, de nos besoins, serait réduit à passer du malheur aux affronts? il ne rentrerait dans son héritage qu'en passant sous le joug? Roi, c'est ainsi que vous voudriez y ramener un Roi? Et voilà quel aurait été l'objet, et quelle serait l'issue de cette croisade des Souverains en faveur de l'aîné des Souverains de l'Europe? Louis XVIII ne rentrerait en France qu'aux mêmes conditions auxquelles eut à se soumettre Jean-sans-Terre; sous la condition de signer une charte? Il y aurait ce rapport entre Jean, usurpateur et assassin, et Louis, successeur légitime et également pur aux yeux de la France, de l'univers et de Dieu?

Les Comtes du Sénat penseraient-ils tenir la place des Barons d'Angleterre? Serait-ce à titre de grands vassaux et grands propriétaires?...... Je m'arrête et me contiens. J'aurais voulu ne mettre sur la voie d'aucun souvenir, et ne laisser échapper, en m'adressant à vous, Magnanime Empereur! aucune parole empreinte d'aucune amertume. Et que nous propose-t-on, comme bases de constitution, que notre Roi n'ait déjà, de propre mouvement, annoncé, publié, promis? Il y a toute une constitution dans la proclamation du maire de Bordeaux, écrite sous la dictée du gendre de Louis XVI, les yeux fixés sur le testament de son père, que soutient devant lui son angélique fille, et duquel semblent sorties toutes les instructions qu'il a reçues de son oncle, le roi Louis XVIII. Tout ce qu'on veut lui arracher, il l'a donné. On ne lui en ôtera pas le mérite et l'honneur.

Sire! les paroles de nos rois et de nos princes, comme celles de Votre Majesté; leurs écrits, comme ceux que dicte sans intermédiaire votre bouche, et qui ne subissent point de rédaction, n'expriment que des sentimens généreux, ne sont que des interprètes de pensées élevées. C'est assez; nous ne demandons

pas qu'elles soient *libérales*. Ils vous ont aussi
appris ce mot, SIRE. Il n'est point français. Il
n'est pas de la langue de Bossuet, de Fénélon,
de Montesquieu; et, toutefois, ces écrivains,
grands hommes nous fourniraient, au besoin,
des modèles d'institutions fortes; et les lumières
actuelles, nous pouvons le dire, pâlissent toutes devant l'éclat de leurs vieux rayons. On a
tout corrompu; on veut tout corrompre, nos
institutions et notre langue.

.... SIRE ! j'ai passé, en tout sens, toutes
les bornes. Je ne demande point de grâce à
VOTRE MAJESTÉ pour les incorrections, pour
le désordre et la forme de cette lettre. J'ai trop
besoin de la solliciter pour le fond et pour la témérité de la démarche. Je me jette à vos pieds,
SIRE, pour l'obtenir, et je mouille vos genoux
et vos mains de larmes d'attendrissement et de
respect.

Je suis, de VOTRE MAJESTÉ,

SIRE,

Avec le plus profond respect et
une inexprimable admiration,
le serviteur le plus soumis,

MARIGNIÉ.

Paris, le 5 avril 1814.

L'auteur de cette Lettre se propose de publier des *Observations*
sur l'acte ou projet d'acte de *Constitution*.

130